문학과지성 시인선 133

내 무덤, 푸르고

최승자 시집

문학과지성사

문학과지성사에서 펴낸 최승자의 시집

이 時代의 사랑(1981)
즐거운 日記(1984)
기억의 집(1989)
쓸쓸해서 머나먼(2010)
빈 배처럼 텅 비어(2016)

문학과지성 시인선 133
내 무덤, 푸르고

초판 1쇄 발행 1993년 11월 30일
초판 16쇄 발행 2018년 10월 2일
재판 1쇄 발행 2020년 9월 8일
재판 5쇄 발행 2025년 8월 18일

지 은 이 최승자
펴 낸 이 이광호
펴 낸 곳 ㈜문학과지성사
등록번호 제1993-000098호
주   소 04034 서울 마포구 잔다리로7길 18(서교동 377-20)
전   화 02)338-7224
팩   스 02)323-4180(편집) 02)338-7221(영업)
전자우편 moonji@moonji.com
홈페이지 www.moonji.com

ⓒ 최승자, 1993, 2020. Printed in Seoul, Korea

ISBN 978-89-320-0662-8 03810

이 책의 판권은 지은이와 ㈜문학과지성사에 있습니다.
양측의 서면 동의 없는 무단 전재 및 복제를 금합니다.

문학과지성 시인선 133
내 무덤, 푸르고

최승자

시인의 말

시집을 엮으면서 다시 읽어보자니,
이 시들이 너무도 뒤늦고 뒤처진, 그리고
너무도 낡고 늙은 시들이라는 느낌이 든다. 뒤늦게,
뒤처져 길 떠나는 이 낡고 늙은 시들이
제 힘으로 제 갈 길을 만들어낼 수 있을는지 걱정스럽다.

1993년 11월
최승자

내 무덤, 푸르고

차례

시인의 말

I

미망未忘 혹은 비망備忘 1　　9
미망未忘 혹은 비망備忘 2　　10
미망未忘 혹은 비망備忘 3　　11
미망未忘 혹은 비망備忘 4　　12
미망未忘 혹은 비망備忘 5　　13
미망未忘 혹은 비망備忘 6　　14
미망未忘 혹은 비망備忘 7　　15
미망未忘 혹은 비망備忘 8　　16
미망未忘 혹은 비망備忘 9　　17
미망未忘 혹은 비망備忘 10　　18
미망未忘 혹은 비망備忘 11　　19
미망未忘 혹은 비망備忘 12　　20
미망未忘 혹은 비망備忘 13　　21
미망未忘 혹은 비망備忘 14　　22
미망未忘 혹은 비망備忘 15　　23
미망未忘 혹은 비망備忘 16　　24
말 못 할 사랑은 떠나가고　　25
서역 만리　　26
티브이 앞에서　　27
내가 구원하지 못할 너　　28

봄   29
콱   30
무슨 꽃을   32
워드 프로세서   33
세기말   34
다 묻고   35

II
셔발 슐로스   39
중구난방이다   40
참, 소나 나나   41
내 수의를   42
저 뻐꾹 소리   43
귀여운 아버지   44
종로통 가을   45
마흔   46
가을   47
마흔, 가을   48
근황   49
흐린 날   50
너에게   51
그대 영혼의 살림집에   52
나날   53
다리 밑   54
무심   56
객사客死의 꿈   57
자본족   58
하안발下岸發 1   60

하안발下岸發 2　　61

하안발下岸發 3　　62

하안발下岸發 4　　63

하안발下岸發 5　　64

산화酸化　　65

애기 동자童子를 위하여　　66

해마다 유월이면　　68

해설

세기말의 비망록·이광호　　69

I

일러두기

1. 이 책은 『내 무덤, 푸르고』(초판 1993)의 재판이다.
2. 맞춤법과 외래어 표기는 현행 국립국어원 규정을, 띄어쓰기는 문학과지성사 자체 규정을 우선하여 따랐다.
3. 초판의 한자어는 '한글 한자' 병기로 옮겼다. 다만 저자 특유의 입말이나 표현, 그리고 방언 등은 작품 발표 당시의 분위기를 고려하여 대부분 그대로 두었다. (2020년 9월 기준)

미망未忘 혹은 비망備忘 1

아무도 모르리라.
그 세월이 어떻게 흘러갔는지.
아무도 말하지 않으리라.
그 세월의 내막을.

세월은 내게 뭉텅뭉텅
똥덩이나 던져 주면서
똥이나 먹고 살라면서
세월은 마구잡이로 그냥,
내 앞에서 내 뒤에서
내 정신과 육체의 한가운데서,
저 불변의 세월은
흘러가지도 못하는 저 세월은
내게 똥이나 먹이면서
나를 무자비하게 그냥 살려 두면서.

未忘 혹은 備忘 2

먹지 않으려고
뱉지 않으려고
언제나 앙다물린 오관들.
그러나 언제나 삼켜지고
뱉어져나오는
이 조건 반사적 자동 반복적
삶의 쓰레기들.

목숨은 처음부터 오물이었다.

未忘 혹은 備忘 3

생명의 욕된 가지 끝에서
울고 있는 죽음의 새,
죽음의 헛된 가지 끝에서
울고 있는 삶의 새.

한 마리 새의 향방에 관하여
아무도 의심하지 않으리라.
하늘은 늘 푸르를 것이다.
보이지 않게 비약의 길들과
추락의 길들을 예비한 채.

마침내의 착륙이 아니라.
마침내의 추락을 예감하며
날아오르는 새의 비상―
파문과 파문 사이에서 춤추는
작은 새의 상한 깃털.

未忘 혹은 備忘 4

넘치는 현존의 거리,
그만큼 또한 넘치는 부재적 실존들이여.
그 모든 부재들 중의 부재로서
나 피어났네.
검은 독버섯처럼.

뛰기 싫어 내 인생은 지각했고
걷기 싫어 내 인생은 불참했지.

오 그 모든 빛나는—
내가 불참했던,
오 그 모든 빛나는—
내가 부재했던,
그 자리들이여.
이제 내가 내 부재의 그림자로서
전 세계 위에 뻗어 누우려 하네.

未忘 혹은 備忘 5

어떻게 잠 속으로 걸어들어가야 할 것인지.
이제 개들은 머뭇거리며 골목 안으로 꼬리를 숨기고
침묵은 오래도록 홀로 신음할 것이다.

잠으로 들어가는 저 입구가 두렵다.
검은 굴속에서 꿈은 또 물고 늘어질 것이다.
꿈은 물어뜯고 물어뜯을 것이다.
그리고 그때마다 악몽의 환각이,
두려운 생시의 파편들이 번갯불처럼 번쩍일 것이다.
한 테마의 연속적인 꿈들과
그 사이의 단절된 악몽의 환각들의 폭발.
잠으로 들어가는 저 입구가 두렵다.

그리고 내일 아침이면, 독한 하이타이로
수백 번 빨아 헹구고 쥐어짠
거덜 난 누더기 옷감처럼 나는 또다시
아침의 햇빛 속에 내동댕이쳐져 있을 것이다.

未忘 혹은 備忘 6

말로든 살로든 못내 비비고
싶어 하는 한 마리의 포유동물.
그 뇌 속 회백질의 긴 회랑 속에서
언제나 울리고 있는 발자국 소리들.
사라지지 않는 발자국 소리들.

그래, 이 시간에도 추억들이,
차디찬 도랑물 속에 추억들이,
눈 꼭꼭 감은 시체들이 줄지어 떠내려가고,
기억의 짐을 싣고 밤배는 또 고단히
요단강을 거슬러 오를 것이다.

未忘 혹은 備忘 7

밤이 온다.
모든 길들이 뿔뿔이 흩어진다.
누군가 한 생애의 눈시울을 감고
어디선가 검은 커튼이 내려진다.

오 늦게, 너무나 늦게서야 왔구나.
후회처럼 빠르게 내리는 서리.
회한처럼 빠르게 쌓이는 눈.

자욱이 내리는 시간의 미립자 속에서
두 발은 처음부터 존재하지 않았던 듯하고
온 힘으로 내리쳐도
이 밤의 안개는 끌 수가 없다.

(내가 죽었다 깨어나도
이 밤은 아직 이 밤일 것이다)

未忘 혹은 備忘 8

내 무덤, 푸르고
푸르러져
푸르름 속에 함몰되어
아득히 그 흔적조차 없어졌을 때,
그때 비로소
개울들 늘 이쁜 물소리로 가득하고
길들 모두 명상의 침묵으로 가득하리니
그때 비로소
삶 속의 죽음의 길 혹은 죽음 속의 삶의 길
새로 하나 트이지 않겠는가.

未忘 혹은 備忘 9

집이 산절로 산이요.
집이 수절로 물이요.
그러나 집이 들끓는 불이요.

집이 넘치는 술이요.
집이 끝끝내 채워지지 않는 빈 잔이요.
집이 처처에 바람이요.
집의 몸통에 자율신경 장애가 생겼소.

집이 큰 파도 속의 일엽편주요.
집이 인적 없는 사막이요.
집이 가도 가도 끝없는 원시림이요.
집이 온통 절간이요.
집이 도대체가 길이요.

집이 길 아닌 온갖 길 위에 둥둥 떠 있소.

未忘 혹은 備忘 10

비애여 네 얼굴을 보고 싶다.
네 이목구비를 보고 싶다.

(이 시대 비애의 얼굴은 무슨 부분들로 이루어진 것인지
한 사람이 한 시대가 걸어가는 그 행로 속에
이 무슨 비애의 돌덩어리들이 이리도 서걱이는지)

비애여 오늘 밤 꿈속에서 단 한 번이라도
네 진정한 이목구비를 보고 싶다.

그리고 마지막으로 확고하게 결정하고 싶다,
네 얼굴에 키스를 해줄 것인가
아니면
네 얼굴에 똥칠을 해줄 것인가를.

未忘 혹은 備忘 11

혹시나 필요로 한다면
한 인간의 죽은 형적形迹 산 형적을 필요로 한다면
다 남김없이 주고 다 남김없이 벗어주리라
내 치욕의 망토로 혹 그대들이 따스함을 얻을 수 있다면
그대들이 즐겨 타인의 치욕에서 자신의 영광을 찾을 수 있는 사람들이라면

(그러나 다만, 그 모든 결국까지도 넘어서
나는 항시 중도에 있었으므로,
그 모든 결국이 나에겐 항시 도중이었으므로,
오 그 모든 미래가 나의 현재였으므로.)

未忘 혹은 備忘 12

또 깜깜한 하루
귀멀고 눈멀은.

내 삶의 생존 증명서는
이 먼지들의 끝없는 필적
내가 잠든 동안에도 먼지들은
내 벌려진 원고 혹은 노트 위에 알 수 없는 상형문자들을 써놓고

이 생존의 먼지 이 생존의 오물들은 사라지지 않고
마침내 내 화려한 종말을 장식할 것이다.

그러나 그 먼지에 뒤덮인 원고지 속의 혹은 노트 속의
먼 길을 걸어 나는 기필코 그대들에게,
비로소 최후로 닿고 싶다.

늘 언제나 절박한 현재 시각 현재 상황인
밤의 멜로디,
혹은 밤의 멜로디 속에서.

未忘 혹은 備忘 13

고독이 창처럼 나를 찌르러 올 때
나는 무슨 방패를 집어 들어야 하나.
오 내 방패는 어디 있나.
그냥 온몸 온 정신이 방패인 것을.

어느 날 마침내 죽음을 동반한 고독이 찾아올 때까지는,
영원 불멸, 신생 부활의 방패인 것을.

그러므로 오늘도 고독의 창 앞에 쏟아부을
충분한 피를 준비해두자.
살아 있는 한 내 피는 항상 충분하므로.

未忘 혹은 備忘 14

나를 빨아들이는 길.
나를 뱉어내는 길.
빠져나올 수 없는 길.
들어갈 수 없는 길.

영원토록 길이 나를 가둔다.
영원토록 길이 나를 해방시킨다.

떠나야 할 시각이 길게 드리워진다.
그가 끝나도 길은 끝나지 않을 것이다.
그 길 모퉁이에 이따금씩
추억의 나무 한 그루 서 있을 것이다.

우연의 형식들로 다가오는 모든 필연을 견디면서
이미 추억이 다 된 나무 한 그루
백발의 나무 한 그루 서 있을 것이다.

未忘 혹은 備忘 15

이미 지나왔던 이 길,
이제 비로소 선택하리라.
왔던 곳으로 되돌아가는 길.

망막의 뒤편에 쌓인 응집된
추억들은 다시 한 올씩 풀려지고
기억 속의 들꽃들이 저 혼자 흔들리는 곳,

이제 처음으로 시작하는 길,
되돌아가는 길.

희망은 길고 질기며
절망은 넓고 깊은 것을……

未忘 혹은 備忘 16

가을의 페이지가 넘길수록 깊어진다.
그리고 잠이, 마약 같은 마비의 잠이
온몸의 말초혈관부터 퍼져 올라온다.

곧 뇌중추가 항복하리라.
온 성城이 가뭇없이
잠의 빙하 속에 가라앉으리라.

그러나 아직은 흔들리는 이 끝에서,
흔들리는 이 물살이 심히 어지럽구나.
물살을 잠재우든가,
떠도는 이 일엽편주를 잠재우라.

말 못 할 사랑은 떠나가고

말 못 할 사랑은 떠나가고
말 못 할 입도 떠나가고
크게 더 크게 울부짖을 수 있을 개들만이 남았었지.
너 잘났니 뿡? 너 잘났다 뿡!
한 시대 전체가 전자 게임 화면처럼
죽이지 않으면 죽는 길밖에 없어
혼신으로 으르렁거리던 흑색 개 백색 개들의 시절.

그런 시절이 있었지라고 중얼거리며
아파트 입구를 내려서다 보니,
우리 시대의 꿈들은 모두가 개꿈이라고,
철 지난 암호처럼 미래의 프로파간다처럼
허섭스레기로 웃고 있는 장미,
장미 송이들의 개개체.

그래 아 드디어 이 시대, 이 세계,
희망은 죽어 욕설만이 남고
절망도 죽어 치정만이 남은……
아아 너 잘났다 뿡!

서역 만리

　우린 마치 저 쇼윈도에 보이는
줄줄이 꿰인 채 돌아가며 익혀지는 통닭들 같아.
우린 실은 이미 죽었는데, 죽은 채로
전기의 힘에 의해 끊임없이 회전하며 구워지는 거,
그게 우리의 삶이라는 거지. 죽음은 시시한 것이야.
왜냐하면 우린 이미 죽어 있으니까.
이미 죽어 꽂혀져 빙글빙글 돌아가고 있으니까.
그런데 기가 막히게 그게 우리의 삶이라는 거야.
　삶이 이미 죽어 있는데, 죽음이란 얼마나 시시한 것이
겠어?
　그건 하나님이 전기 콘센트에서 플러그를 빼버릴 때
우리 모두가 무표정하게, 일동 멈춰 섯! 하는 것뿐이야.

　이런 생각을 하며 지하철역 홍대 입구에서 문지사까지
걸어가는 그 거리가 얼어붙은 서역 만리로구나.

티브이 앞에서

보인다.
저 지조 깊은 증인들과
저 지조 높은 의원들 가운데서,
눈꼬리가 쫙 찢어진 놈,
눈꼬리가 순하게 처진 놈,
눈꼬리가 착한 건지 악한 건지 의뭉스런 놈.

보인다, 그 사이에서,
억울하게 목매달아 죽은 놈,
매맞아 죽은 놈,
물 먹어 죽은 놈, 놈 놈 놈······

아 보인다, 그 사이에서
달콤한 꿈은 찐으로 만들어진다는
교리를 믿는 드라이 찐 교도가
화면의 허상만을 인상주의적으로 바라보면서,
유구하게 취해가는 그 삶의 꼬라지가!

내가 구원하지 못할 너

어두운 너의 내부를 들여다본다.
등 돌리고 홀로 서 있는 너,
슬픔의 똥, 똥의 밥이다.
(너의 두 손은 뭉그러져 있었다.)

내가 꿈에서도 결코 구원하지 못할 너.
나는 다만 행간에서 행간으로
너를 곁눈질로 읽으면서
행간에서 행간으로
너를 체념하거나 너를 초월하면서……

허무의 사제인 나는 오늘 밤도
너를 위한 허무의 미사를 집행할 뿐이다.

봄

(잎도 피우기 전에 꽃부터 불쑥 전시하다니,
 개나리, 목련, 이거 미친년들 아니야? 이거 돼먹지 못한 반칙 아니야?)

이 봄에 도로 나는 환자가 된다.
마음 밑 깊은 계곡에 또다시
서늘한 슬픈 물결이 차오르고
흉부가 폐광처럼 깊어진다.

아, 이 자지러질 듯한 봄의 풍요 속에서
나 어릴 때 흥얼거렸던 그 노래
이젠 서러운 찬송가처럼 들리네.

"설렁탕 거룩한 탕 끓여 가려고
오늘도 모여 있네, 어린 동포들."

콱

대기 속에서 무슨 비밀이 싹트고 있다.
무슨 탐욕스런 꿈들이 꿈틀거리고 있다.

지상과 허상을 연결하는
저 수많은 통화들의 혼선.
찍찍거리며 어디서나 떼 지어
달려 다니는 저 욕망의 쥐새끼들.

전화기에서 검은 욕망의 피가 흘러나오고
티브이 화면에서 자본주의가 색을 쓰고
신문지상에서 활자들이 혼음한다.

오, 하느님, 나를 저 욕망의 사회적 최전선에
배치해놓지 않은 것에 감사드립니다.
내가 원하는 것은 그저,

죽어서 콱
꿈도 없이 콱
부자도 빈자도 없이 콱

주류도 비주류도 없이 콱
극우도 극좌도 없이 콱
에잇, 콱 콱―콱!

무슨 꽃을

무슨 꽃을 보여주랴?
마술 상자 속에 꽃이 다 떨어졌으니.

아마도 이대로 이렇게,
초월인지 체념인지
햇빛인지 달빛인지
육십 평생이 맥빠진 산문처럼 흘러갈 것이다.

그러나 언제나 내 귀 가까이에선
분명한 시계 초침 소리.
일초 일초 분명히 나를 비웃으며
시간이 내게 초 치는 소리.

삼십대의 허공에서 어느 한 순간,
너무도 지겨운 어느 한 순간,
나는 내 목숨의 끈을 가볍게 놓아버릴 수는 없을까?

워드 프로세서

쓴다는 것이 별것은 아니라고,
쓴다는 것에 아무런 희망도 갖고 있지 않다고 말했지.
그러나 이제 고백하자, 시인하자.
쓴다는 것, 써야 한다는 생각이 없었더라면
내 삶은 아주 시시한 의미밖에 갖지 못했으리라는 것,
어쩌면 내 삶이라는 것도 존재하지 않았으리라는 것.
오 쓴다는 것, 써야 한다는 생각에
내가 얼마나 높이높이 내 희망과 절망을 매달아놓았던가를
내가 얼마나 깊이깊이 중독되어왔던가를
이제 비로소 분명히 깨달을 수 있겠구나.
내 익숙한, 잘 나가는 달필을 버리고
원고지를 버리고 노트를 버리고
글자 처음 배우는 아이처럼 자꾸만 목이 말라
더듬 더듬 떠듬 떠듬 처음으로 워드 프로세서를 치고 있는 이 밤에.

세기말

칠십년대는 공포였고
팔십년대는 치욕이었다.
이제 이 세기말은 내게 무슨 낙인을 찍어줄 것인가.

한계가 낭떠러지를 부른다.
낭떠러지가 바다를 부여잡는다.

내가 화가 나면
나를 개 패듯 패줄
친구가 하나 있었으면 좋겠다.
오 맞아 죽은 개가 되고 싶다.
맞아 죽은 개의 가죽으로 만든 양탄자가 되고 싶다.
그리하여 이십일세기 동안
당신들의 발밑에 밟히며 넝마가 되어가고 싶다.
(사뿐히 즈려밟고 가시옵소서.)

다 묻고

다 묻고
떠나자.
삶은
서울은
더러운 것.

문둥이가
제 상처를 핥으며
제 상처를 까발려 전시하며
끊임없이 생존을 구걸하는

삶은
서울은
더러운 것.

II

셔발 슐로스

입이 꿰매어져도
입이 떨어져나가도,
입이 기억하고 있는 입맛들이
없는 입 안에서 회오리칠 때,

또 오누나, 저년
저 귀신 같은 년
천 번이나 나를 속여먹은,
화사하게 분 바르고 연지 곤지 찍은
여우 귀신 같은 저년
희망 혹은
내가 죽어야 사라질 신기루의 그림자.
셔발 슐로스

오늘도 측량사 K는 자신이 만든 지도를
반은 맞고 반은 틀리다며 찢어버린다.

중구난방이다

중구난방이다.
한없이 외롭다.
입이 틀어막혔던 시대보다 더 외롭다.

모든 접속사들이 무의미하다.
논리의 관절들을 빼어버린
접속이 되지 않는 모든 접속사들의 허부적거림.
생존하는 유일한 논리의 관절은 자본뿐.

중구난방이다.
자기 함몰이다.
온 팔을 휘저으며 물속 깊이 빨려 들어가면서
질러대는 비명 소리들로 세상은 가득 차 있다.
그리고 그 속에서 한없이 외롭다.
신앙촌 지나 해방촌 지나
희망촌 가는 길목에서.

참, 소나 나나

댓 마리의 소가 하루 종일 씹고 있다.
먹이가 없는데도 무진장 씹고 있다.
하릴없이 창가에 턱 괴고 앉아
나도 정처없이 씹는다.
소들이 반추로써 풀이하는 세계를
나도 열심히 씹어 풀이해볼 수 있지 않을까 반추하면서

가엾기도 해라.
되씹기는 게으른 자들의
그림자 밟기 놀이 아니겠는가.
참, 소나 나나.

내 수의를

내 수의를 한올 한올 짜고 있는
깊은 밤의 빗소리.

내가 이승에서 어질러놓은 자리,
파란만장한 자리
없었을 듯, 없었을 듯, 덮어주고 있구나.

점점 더 드넓어지는
이 일대의 물바다,
그 위에 이제 새로이 구중궁궐
깊은 잠의 이불을 펴리라.

저 뻐꾹 소리

봄 열어 가을 떨어질 때까지
저 뻐꾹 소리.

나 떠난 뒤 겨울 되면
저 뻐꾹 소리
어느 허공에 얼어붙으랴.

귀여운 아버지

눈이 안 보여 신문을 볼 땐 안경을 쓰는
늙은 아버지가 이렇게 귀여울 수가.
박씨보다 무섭고,
전씨보다 지긋지긋하던 아버지가
저렇게 움트는 새싹처럼 보일 수가.

내 장단에 맞춰
아장아장 춤을 추는,
귀여운 아버지,

오. 가여운 내 자식.

종로통 가을

붐비는 토요일 오후, 종로통 가을 속을
늙은 더듬이로 더듬더듬 기어나가는
이 몸은 왕년의 누구시더라.
사방팔방에서 눈부신 물고기들이 헤엄쳐 오가고
그 속에서 풋감 같았던
내 청춘의 뒤통수도 하나 보이는데,
그 풋감 이제 잘 익은 노란 감 되어
멀잖아 홍시로 떨어지니,
종로통 가을은 리어카에 실려가며 홀로 노래 부르네
……사랑은 한물간 유행가, 사랑은 낡은 청바지
……사랑은 녹슬어 삐걱이는 침대, 사랑은 돌아오지 않는 다리.

(이 무슨 유령이 살아 아직도 추억의 종로길을 걷고 있나.)

마흔

서른이 될 때는 높은 벼랑 끝에 서 있는 기분이었지.
이다음 발걸음부터는 가파른 내리막길을
끝도 없이 추락하듯 내려가는 거라고.
그러나 사십대는 너무도 드넓은 궁륭 같은 평야로구나.
한없이 넓어, 가도 가도
벽도 내리받이도 보이지 않는,
그러나 곳곳에 투명한 유리벽이 있어,
재수 없으면 쿵쿵 머리방아를 찧는 곳.

그래도 나는 단 한 가지 믿는 것이 있어서
이 마흔에 날마다, 믿는 도끼에 발등을 찍힌다.

가을

세월만 가라, 가라, 그랬죠.
그런데 세월이 내게로 왔습디다.
내 문간에 낙엽 한 잎 떨어뜨립디다.

가을입디다.

그리고 일진광풍처럼 몰아칩디다.
오래 사모했던 그대 이름
오늘 내 문간에 기어이 휘몰아칩디다.

마흔, 가을

누군가,
옛다, 먹어라,
던져주시데.

내 입 전면에 처박힌
땡감도 못 되는
홍시도 못 되는,
이 감.

에잇, 이 감을,
에잇, 냅다
뽑아 되던지려 하니,

가을 하늘이데,
홀로 청청한 하늘님이데.

근황

못 살겠습니다.
(실은 이만하면 잘 살고 있습니다.)
미안합니다.
사랑합니다.
어쩔 수가 없습니다.
원한다면, 죽여주십시오.

생각해보면, 살고 싶다고 생각한 적이 한번도 없는 것 같습니다.
그게 내 죄이며 내 업입니다.
그 죄와 그 업 때문에 지금 살아 있습니다.
미안합니다.
사랑합니다.

잘 살아 있습니다.

흐린 날

흐린 날엔 골 뚜껑을 닫아라.
그 위에 굵은 대못을 쾅쾅 박아라.
모든 입력과 출력을 거부하라.
전원을 off하라.
네 뇌수의 화면엔
아무것도 들어가지 못하고
아무것도 나타나지 못하고

그저 화면 자체의
희뿌연 빛으로만 빛나게 하라.

너에게

네가 왔으면 좋겠다.
나는 치명적이다.
네게 더 이상 팔 게 없다.
내 목숨밖에는.

목숨밖에 팔 게 없는 세상,
황량한 쇼윈도 같은 나의 창 너머로
비 오고, 바람 불고, 눈 내리고,
나는 치명적이다.

네게, 또 세상에게,
더 이상 팔 게 없다.
내 영혼의 집 쇼윈도는
텅 텅 비어 있다.
텅 텅 비어,
박제된 내 모가지 하나만
죽은 왕의 초상처럼 걸려 있다.

네가 왔으면 좋겠다.
나는 치명적이라고 한다.

그대 영혼의 살림집에

그대 영혼의 살림집에
아직 불기가 남아 있는지
그대의 아궁이와 굴뚝에
아직 연기가 피어오르고 있는지

잡탕 찌개백반이며 꿀꿀이죽인
나의 사랑 한 사발을 들고서,
그대 아직 연명하고 계신지
그대 문간을 조심히 두드려봅니다.

나날

몇 개의 꽃.
몇 개의 전화.
몇 개의 타협.
몇 개의 추파.

눈, 코, 입도 없이
이어지는 나날.

늦은 밤 창가에서
담배를 집어 들면
손가락은 이미 재가 되어 있고
무심한, 텅 빈 얼굴을 한 달님이
빈자의 창문을 비껴 지나간다.

다리 밑

사랑은 취하면 어디로 가나.
증오는 취하면 어디로 가나.
다리 밑, 다리 밑, 오 다리 밑.

죽은 엄마 같은
늙은 여자 다리 밑.

만생만물이 다리 밑에서 태어났거늘,
허리상학의 슬픔이 허리하학의 슬픔으로 옮겨가는
이 길이 왜 이리도 먼가,
죽음이여 너는 급행열차를 타고 올 수는 없는가.
네가 와야 할 길을 이미 내가 반 이상 갔는데,
멀구나, 멀어서
한참 가깝구나.
내 쪽에서 더 많이 가야 한다면
오냐, 자동차를 구입하마, 비행기표를 예매하마.

인생에 중독되면 어디로 가야 하나.
내세에 한쪽 귀가 기울어지기 시작하면 어디로 가야

하나.
    다리 밑, 다리 밑, 오 다리 밑.

    죽은 엄마 같은
    늙은 여자 다리 밑.

무심

어느 썩은 도랑에서 나 태어났고
어느 썩은 도랑에서 나 살았고
어느 썩은 도랑에서 나 죽을 것이다.

내게서 모든 기대를 거두어다오.

나 이미 살았고 죽었고,
살았었고 죽었었고,
남은 것은 가벼이 머물다
흘러가버리는 무심.

눈뜨고 죽은 송장의
두 눈동자에 비쳐 흐르는
잠시이며 영원인 무심.

객사客死의 꿈

꿈에 자꾸
허망의 아버지가
오더라.

상투 머리
길게
희게
풀었더라.

이제 그만
가자, 가자.

긴 머리
흰 머리칼

저승처럼
나부끼더라.

자본족

몇 행의 시라는 물건이
졸지에 만원짜리 몇 장으로 휘날릴 수 있는 시대에
똥이 곧 예술이 될 수 있고, 상품이 될 수 있는 이 시대에
쓰자, 그까짓 거, 까아아아아아아아아아짓거.
영혼이란 동화책에 나오는 천사지.

돈 엄마가 돈 새끼를,
자본 엄마가 자본 새끼를 낳는,
(오 지상을 뒤덮는 자본 종족)이 세상에서
자본의 새끼의 새끼의 새끼의 새끼가 시일 수 있다면
(모든 시인은 부복하라)
오 나는 그 새끼를 키워 어미로 만들리라.
인간이라는 고등 포유 동물을 넘어서는
(저 아리안족 같은) 고등 자본 동물을 만들리라.

곳곳에서 넘쳐나는 저 자본 동물들,
우리가 익히 잘 아는 인간들이
자본과科 파충류로 변해가는 것을,
오 내 팔뚝에 뱀의 살 무늬가 새겨지는 것을 지켜보는

이 슬픔.
　새들도 자본 자본 하며 울 날이 오리라.

　(나에게 뽀스또 모단의 방식을 가르쳐다오,
　나는 왜 이렇게 정통적으로밖에 얘기할 수가 없는지.)

하안발下岸發 1

시詩로써 깃발을 올릴 수 있는 자는
행복하다.
그러나 내가 시詩로써
무슨 깃발을 올릴 수 있으랴.
나의 삶 자체가
시종 펄럭거리는
찢어진 깃발인 것을.

— 오, 바람에 끊임없이
    창문들이 휘날리는군.
    네 머리를 잘 걷어둬.
    날아갈라. 날아가, 그나마
    하수구에 처박힐라.

下岸發 2

하지만 이젠 정말 모르겠어.
honey인지 money인지,
root인지 roof인지.

하지만 이젠 정말 모르겠어.
슬픔인지 수프인지.
실체가 없어졌어.
혓바닥의 감각이 없어졌어.

(이 고통의 개밥 그릇을
내 앞에서 치워다오.
나는 개가 아니다.)

下岸發 3

나는 개종하고 싶다.

커다란 수족관 안에서
내가 살고 있다.
전기 장치로 공급되는
산소와 미네랄과 또 무엇과 무엇과
정부와 국가와 민족과 글로벌이…… 있고
그 안에 또 어떤 물고기들이
벌이는 걸프전이 있고……
이 하염없는, 미지근한 수족관에서
나를 바다로 이주시켜다오.

나는 개종하고 싶다.

下岸發 4

그는 안에서 열고
밖에서 잠근다.
혹은 밖에서 열고
안에서 잠근다.

그는 밖으로 나가며 안을 잠그고
안으로 들어가며 밖을 잠근다.

그에겐 안이 온 세상,
밖이란 온 세상 안에 널린 모래알들 중의 하나,

그는 더 안으로 들어가며 또 밖을 잠근다.
그는 더 더 안으로 들어가며 또 또 밖을 잠근다.

下岸發 5

죽은 사람의 손톱 발톱 머리칼이
무덤 속에서 조금은 더 자라듯,
아직 완전히 죽지는 않았다.
누워 있는 흐린 구름장들을 바라보면서
키 작은 여자는 낮은 창 곁에서
하루하루를 살해한다.

현세는 너무 비좁은 감옥이라고,
꿈꿀 수 있는 가장 큰 지도를 그리겠다고,
흐린 구름들이 엎어질 듯
코를 박고 있는 낮은 창 곁에서
키 작은 여자는 하루하루를 삭제시킨다.

오직 한 개씩의 커다란 눈망울만을 달고 흔들리는
해바라기들, 해바라기 들판의 무한을 꿈꾸면서.

산화酸化

이 도시가 나를 산화시킨다.
보이지 않는 벽에 들러붙어
천천히 나는 녹슬어간다.

거대한 철판 같은 도시의
환한 어둠 위로
비가 내리고
나는 골목을 돌아 들어가고

어느 싸구려 여인숙
객客은 이미 잠들고
티브이 화면만이
주인 없는 셀룰로이드의 기억들을
저 혼자 지지거리고 있다.

(이제 돌아갈 집이 없는 사람들은
영원히 돌아가지 않을 것입니다.)

애기 동자童子를 위하여

사랑하는 애기 동자,
넌 어느 시대 적 아이니?
네가 태어났던 게 구석기 시대니, 이십세기니?
언제부터 날 쫓아다녔니?
내가 그렇게 인정 많은 아줌마로 보였니?
그토록 내 몸에 들고 싶었니?
내 어깨에 무등 타고 싶었니?
그러면서도 왜 내 꿈엔 나타나지 않았었니?

난 나만의 일로 바빠
널 알아차리지 못했었구나.

넌 왜 흙으로 돌아가는 평안을 누리지 못하고
그렇게 몇 세기를 불안하게 떠돌아다녀야 하니?
몹시도 쉬고 싶겠구나?
지금이라도 들어오고 싶다면 들어오렴.
그러면 나 죽는 날 함께 흙으로 돌아갈 수 있을 테니.
하지만 내 몸은 늙어 젖도 안 나올 텐데
그때까지 어떻게 널 먹여 키워야 할까?

동자 보살, 동자 보살,
네 엄마가 누구니?

혹시 내가 네 엄마였었니?

해마다 유월이면

해마다 유월이면 당신 그늘 아래
잠시 쉬었다 가겠습니다.
내일 열겠다고, 내일 열릴 것이라고 하면서
닫고, 또 닫고 또 닫으면서 뒷걸음질치는
이 진행성 퇴화의 삶,

그 짬과 짬 사이에
해마다 유월에는 당신 그늘 아래
한번 푸근히 누웠다 가고 싶습니다.

언제나 리허설 없는 개막이었던
당신의 삶은 눈치챘었겠지요?
내 삶이 관객을 필요로 하지 않는
오만과 교만의 리허설뿐이라는 것을.

오늘도 극장 문은 열리지 않았고
저 혼자 숨어서 하는 리허설뿐이로군요.
그래도 다시 한번 지켜봐주시겠어요?
(I go, I go, 나는 간다.
Ego, Ego, 나는 간다.)

해설

세기말의 비망록

이광호
(문학평론가)

> 세계는 죽음이다. 그러나 세계는 죽음이라고
> 말하는 행위는 죽음이 아니다.
> ― 김현, 「게워냄과 피어남: 최승자」*

　최승자의 연작 「미망未忘 혹은 비망備忘」은 시간과의 싸움의 기록이다. 시간에 대한 사유와 연관되는 인간 존재의 무력감과 유한성에 대한 인식은 인간이 경험하는 절망의 한 궁극적인 형태이다. 최승자의 시는 그 절망과의 대면이다. 이 연작의 제목을 이루는 '미망'과 '비

---

* 김현문학전집 6, 『젊은 시인들의 상상 세계/말들의 풍경』, 문학과지성사, 1992.

망'은 모두 망각에 대한 정신의 태도를 보여준다. '아직 잊지 않음'과 '잊음을 대비함'은 모두 잊음을 전제로 한 것이다. 잊음은 인간에게 가하는 시간의 전횡이다. 시인이 시간과 싸우는 것은 망각과 싸우는 것이다. 하지만 물리적인 세계에서 그 싸움은 일방적이다. 우리는 망각과 싸워 이길 수 없으며, 설사 강인한 기억력의 소유자라 하더라도 시간이 가하는 최후의 횡포──죽음을 견뎌낼 수 없다. 시간과의 싸움은 결국 죽음과의 맞섬이며, 「未忘 혹은 備忘」은 '아직 죽지 않음'과 '죽음을 대비함'으로 번역될 수 있다. 그러므로 시간의 지평 위에서 망각과 소멸은 기억과 실존에 대해 언제나 존재론적 우위를 점유한다. 그만큼 시간과의 싸움은 수세적인 싸움이다. 하지만 시인의 싸움은 물리적인 세계에서 이루어지는 것은 아니다. 물리적인 차원에서의 패배가 역설적으로 빛나는 시적 승리를 보장하기도 한다. 그래서 우리는 시의 세계 안에서 그 싸움의 의미를 따라가야 한다. 시간에 대한 시인의 사유는 이 시집에서 자주 길의 이미지를 등장시킨다.

　　나를 빨아들이는 길.
　　나를 뱉어내는 길.
　　빠져나올 수 없는 길.
　　들어갈 수 없는 길.

> 영원토록 길이 나를 가둔다.
> 영원토록 길이 나를 해방시킨다.
>
> 떠나야 할 시간이 길게 드리워진다.
> 그가 끝나도 길은 끝나지 않을 것이다.
> 그 길 모퉁이에 이따금씩
> 추억의 나무 한 그루 서 있을 것이다.
> ―「未忘 혹은 備忘 14」 부분

 최승자의 '길'은 삶이 선택할 수 있는 실천적인 가능성에 관련되어 있지도 않고, 삶을 규정하는 저항할 수 없는 숙명도 아니다. 최승자의 길은 억압과 해방의 두 얼굴을 가지고 있다. 길이 단지 존재자를 옥죄는 거부할 수 없는 폭력일 때 그 길은 억압이지만, 그 속에서 삶의 역사적 가능성을 밀고 나갈 수 있는 실존의 터전이라는 맥락에서 해방의 자리이다. 그런데 최승자의 길은 실존적 선택의 문제보다는 시간의 문제에 얽혀 있다. 길의 선택적 방향성의 문제가 중요한 것이 아니라, 길에 대한 시적 자아의 사유의 관점과 정서적 태도가 중요하다. 최승자의 길은 시간의 자기 운행 그 자체이며, "우연으로 다가오는 모든 필연"이며, "불변의 세월"이다. 길은 '미망'과 '비망'의 상황 조건을 이룬다. 시적 자아는 그 길을 바라보면서 그 길에 온전하게 몸을 싣지 못하는 존재이다. 길은 영원하지만 나는 유한하고, 그 길가에서 나는 단지 추억으로만 남는다. 시적 자아는 시간에 휩쓸려 가는 유한한 생존을 확인하면서, 과거를 반추하고 진정한 삶의 근거를 고통스럽게 질문한다. 길에 대한 반성적 인식은 그 길의 폭력에 대한 절망을 부각시켜주며, 삶의 덧없음을 환기시키는 것이다. 하지만 이러한 비극적인 자기 인식을 통해 시적 자아는 이 세계 속에 맹목적으로 몸담고 있는 사람들과 스스로를 구별하게 된다.

저 불변의 세월은

흘러가지도 못하는 저 세월은

내게 똥이나 먹이면서

나를 무자비하게 그냥 살려두면서.

——「未忘 혹은 備忘 1」 부분

그러나 언제나 삼켜지고

뱉어져나오는

이 조건 반사적 자동 반복적

삶의 쓰레기들.

목숨은 처음부터 오물이었다.

―「未忘 혹은 備忘 2」부분

　이번 시집에 자주 등장하는 오물의 이미지는 그의 초기시의 위악적 포즈와 파괴적인 에너지를 연상시킨다. 세월이 "내게 똥"을 먹인다는 진술과 "목숨은 처음부터 오물이"라는 진술은 시간의 폭력성과 세계의 부정성에 대한 인식을 담고 있다. 이때 오물은 두 가지의 의미 맥락을 동시에 갖게 된다. 똥은 시간이 존재자에게 가하는 일종의 폭력에 대한 상징이면서, 그 시간의 폭력을 당한 시적 자아가 세계 전체를 향해 다시 내던지는 저주의 말이다. 시적 자아는 삶과 목숨 자체를 오물로 규정하면서, 시간이 던진 오물을 시간에게 되던진다. 다시 말하면 오물은 삶의 비참·부조리·불안·절망·소외·혼돈의 의미 내용을 갖는 동시에, 그러한 상황을 말의 주술적 힘으로 돌파하려는 실존의 언어적 무기이다. 시적 자아는 삶 자체를 오물로 매도함으로써 시간의 폭력성에 대항한다. 이렇게 하여 시간의 똥이 가하는 희극적인 폭력은 세계에 대한 시적 자아의 풍자의 칼날과 겹쳐진다. 똥의 이미지는 버림받은 실존에 대한 자학이며, 동시에 세계에 대한 배반과 부정의 말인 것이다.

　어떻게 잠 속으로 걸어들어가야 할 것인지.
　이제 개들은 머뭇거리며 골목 안으로 꼬리를 숨기고

침묵은 오래도록 홀로 신음할 것이다.

잠으로 들어가는 저 입구가 두렵다.
검은 굴속에서 꿈은 또 물고 늘어질 것이다.
꿈은 물어뜯고 물어뜯을 것이다.
그리고 그때마다 악몽의 환각이,
두려운 생시의 파편들이 번갯불처럼 번쩍일 것이다.
—「未忘 혹은 備忘 5」부분

내 수의를 한올 한올 짜고 있는
깊은 밤의 빗소리.

내가 이승에서 어질러놓은 자리,
파란만장한 자리
없었을 듯, 없었을 듯, 덮어주고 있구나.
—「내 수의를」부분

 어둠의 시간은 시간에 대한 공포와 불안을 더욱 예리하게 감지할 수 있는 시간이다. 잠과 어둠이야말로 세계의 공포를 공포 그대로 볼 수 있게 하고, 죽음을 향해 나아가는 삶의 초침 소리를 더욱 선명하게 들을 수 있게 한다. 어둠의 공간은 시적 자아로 하여금 텅 비고 고독한 존재로 돌아가 세계의 캄캄한 부재를 대면하도록 한다. 시적 자아는 헐벗은 마음으로 삶의 표류를 목격한다. 어둠은 불안과 공포의 얼굴을 보여주며 죽음의 음악을 연주한다. 어둠은 언젠가는 닥칠 죽음의 시간을 미리 경험하도록 만들어 죽음의 인력引力을 환기시킨다. 하지만 어둠의 공간은 경험 세계와 절연된 환상의 공간이 아니다. 그의 '악몽'과 "깊은 밤의 빗소리"는 경험 세계의 그림자일 뿐이다. 그 공간은 다시 말하면 "생시의 파편" "이승에서 저질러놓은 자리"를 되돌아보게 하는 공간이다. 꿈과 어둠의 공간은 우리를 현실의 너머로 탈출할 수 있도록 해주기보다는 삶의 불우와 비참과 자기 한계를 재인식시키는 계기로 작용한다. 시적 자아가 그 속에서 체험하는 것은 어떤 근원적인 고독이다.

> 고독이 창처럼 나를 찌르러 올 때
> 나는 무슨 방패를 집어 들어야 하나.
> 오 내 방패는 어디 있나.
> 그냥 온몸 온 정신이 방패인 것을.
>
> 어느 날 마침내 죽음을 동반한 고독이 찾아올 때까지는,
> 영원 불멸, 신생 부활의 방패인 것을.
> ―「未忘 혹은 備忘 13」부분

고독이란 무엇인가? 그것은 세계로부터 떨어져나와

있다는 인식이다. 하지만 엄밀하게 말하면 우리는 여러 가지 존재들에 의해 둘러싸여 있고, 그것들과의 연관 속에서 살아가지 않을 수 없다. 하지만 사람들은 보편적으로 고독을 경험하면서 살아간다. 시인이 느끼는 고독은 타인과의 소통이 불가능해진 개별자의 비극적 자기 인식이다. 시인은 고독이라는 '창'에 대해 '온몸' '온 정신'의 방패로 막는다. 이 수세적인 방어는 고독을 돌파하거나 그것을 뛰어넘으려는 태도이기보다는 그것을 대면하고 견뎌내려는 자세이다. 시인은 고독을 두려워하지 않고 고독에 맞선다. (죽음이란 가장 큰 고독이므로) 죽음을 두려워하지 않고 맞서는 것처럼. 그것은 고독이라는 궁극적인 상황 속에서 자신의 존재를 의식하려는 시도이다. 이러한 고독과의 싸움을 이해하려면 우리는 고독의 구체적인 상황에 대해 알아야만 할지도 모른다. 그의 고독은 보편적인 인간 정서의 한 드러냄이면서, 삶에 대한 실존적 물음의 순간을 보여주는 것이다. 하지만 우리는 그 고독의 사회적 의미에 대해서도 이해할 필요가 있다.

중구난방이다.
한없이 외롭다.
입이 틀어막혔던 시대보다 더 외롭다.

> 모든 접속사들이 무의미하다.
> 논리의 관절들을 빼어버린
> 접속이 되지 않는 모든 접속사들의 허부적거림.
> 생존하는 유일한 논리의 관절은 자본뿐.
>
> ─「중구난방이다」 부분

 "생존하는 유일한 논리의 관절은 자본뿐"인 세계는 또 다른 문맥에서 시인의 고독을 조건 짓는다. 자본이 지배하는 세계에서는 건강한 관계가 존재하지 않는다. 모든 관계는 사물화된다. 시인은 "접속사들이 무의미"해진 세계, 말과 말 사이의 관계가 타락한 세계를 말하고 있다. 말이란 진정한 소통의 관계를 이룰 수 있는 방편이라고 할 때, 말의 타락은 고독의 사회적 의미를 시사해준다. 말과 말의 관계가 타락한 시대는 "입이 틀어막혔던 시대보다 더 외롭다"는 것이 시인의 전언이다. 관계의 타락은 관계 자체가 억압받던 시대보다 더욱 절망적이다. 말 자체의 타락은 말의 억압보다 더욱 두렵다. 그렇다면, 시인의 고독이 이러한 사회적 의미를 동반한 것이라면, 그 고독의 한 조건이었던 무자비한 시간 또한 자본주의적 시간이 아니었을까? 자본주의적 시간은, 그 물리적인 시간이 포괄적인 세계적 시간으로서의 역사적 시간, 우주적 시간과 만나지 못한다는 의미에서, 실존을 앞지르고 초월성의 계기를 남겨놓지 않는 속도의 폭력이다. 이때 실존에 대한 자본주의적 시간의 우위는 자본주의적 일상성과 산문성의 승리를 증거한다.

    곳곳에서 넘쳐나는 저 자본 동물들,
    우리가 익히 잘 아는 인간들이
    자본과科 파충류로 변해가는 것을,
    오 내 팔뚝에 뱀의 살 무늬가 새겨지는 것을 지켜보는 이 슬픔.
    새들도 자본 자본 하며 울 날이 오리라.

    (나에게 뽀스또 모단의 방식을 가르쳐다오,
    나는 왜 이렇게 정통적으로밖에 얘기할 수가 없는지.)
                                          ―「자본족」부분

   자본이 지배하는 세계에 대한 이러한 야유와 풍자는 자본주의적 삶의 비본래성을 거절하는 것이다. 자본의 세계에 대한 적대적인 태도는 시인으로 하여금 "뽀스또 모단의 방식"으로 말할 수 없게 만든다. 시인은 이 자본의 세계에 편승하려는 어떠한 유혹도 거부한 채, 그것을 야유하는 정신적 염결성을 유지하고 있다. 하지만 세계의 사물화에 대한 시인의 대응은 외향적인 것으로 나타나기보다는 개인 단자의 내면 안에 침잠해 들어간다. 최승자는 자본이 지배하는 세계를 폐절하려는 집단적 움직임을 형상화하거나, 그 자본의 세계에 몸을 담고 그 자본의 문법을 통해 새로운 패러디의 전략을 만들어보려는 경향들을 거절하고, 비극적 실존의 주관성에 집착하면서 어두운 내면 심리를 드러내는 내적 독백의 영역으로 나아간다. 이러한 비극적 실존이 나아갈 수 있는 길은 대개 두 가지이다. 그 하나는 현실을 넘어서려는 치열한 열망을 그 자체로 보여주는 비극적 낭만주의의 길이다.

나는 개종하고 싶다.

커다란 수족관 안에서
내가 살고 있다.
전기 장치로 공급되는
산소와 미네랄과 또 무엇과 무엇과
정부와 국가와 민족과 글로벌이…… 있고
그 안에 또 어떤 물고기들이
벌이는 걸프전이 있고……
이 하염없는, 미지근한 수족관에서
나를 바다로 이주시켜다오.
—「下岸發 3」부분

하지만 "커다란 수족관"의 세계로부터의 '이주'와 '개종'은 현실적으로 불가능한 것이다. 우리가 보는 것은 그것의 현실적 가능성이 아니라 현실을 "커다란 수족관"으로 규정하는 시인의 세계 인식이며, 지금-여기의 삶에 대한 극단적인 거부의 몸짓이라고 할 수 있다. 물론 그 거부가 가능한 역사적 전망으로 구체화되는 것은 아니지만, 우리는 거기서 투철한 부정의 정신을 만날 수 있게 된다. 이러한 맥락에서 이러한 탈출의 욕망은 비극적인 것이다. 하지만 시인이 탈출에의 절규를 토해내기보다는 그 개인 단자들 사이의 진정한 관계의 복원을 노래하게 될 때, 우리는 최승자 시의 보기 드문 온기溫氣를 느끼게 된다.

그대 영혼의 살림집에
아직 불기가 남아 있는지
그대의 아궁이와 굴뚝에
아직 연기가 피어오르고 있는지

잡탕 찌개백반이며 꿀꿀이죽인
나의 사랑 한 사발을 들고서,
그대 아직 연명하고 계신지
그대 문간을 조심히 두드려봅니다.
　　　　　　　—「그대 영혼의 살림집에」 전문

이 시를 최승자 시 전체의 결론으로 읽을 수 있을지는 알 수 없다. 하지만 사랑의 방식에 대한 집요한 천착을 보여준 최승자 시의 맥락에서, 그것은 도저한 고독과 천형과도 같은 고립을 돌파할 희망의 한 단초라고 할 수 있다. 최승자의 시적 자아는 대중의 허위 의식을 철저히 거절한다는 의미에서 대중으로서의 타자와 자신을 분명히 구별한다. 하지만 그의 이러한 의식은 타자에 대한 경멸과 혐오를 드러내는 선민주의로 추락하지 않고, 인간과 인간의 건강한 관계가 없는 현실에 대한 비판과 진정한 사랑의 방법론에 대한 탐문으로 나아간다. 그렇다면 상처와 배반과 이별의 노래는 이 따뜻한 사랑 노래를 통해 극복될 수 있을까?

　최승자와 같은 자리에 있던 80년대 시의 전사들은 이제 동양적인 일원론의 세계로 회귀하거나 탈현대적 일상성의 세계를 탐사하고 있다. 그럼에도 불구하고 최승자는 80년대 초반의 세계에 머물러 있다. 시인은 아직도 자본주의적 질서에 물들어 있는 세계로부터 자신을 유폐시키는 부정성의 언어를 밀고 나감으로써 그러한 세계의 오염을 견뎌내려는 고독한 자의식에 붙들려 있다. 그러므로 최승자의 시는 어떤 이들에게는, 자본주의 세계의 사물화 과정이라는 구체적인 현실로부터 나온 자아의 불안을 드러내고 있음에도 불구하고 그 불안을 상황으로부터 분리하여 인간의 존재 조건으로 환원하는 주관성에의 집착과 추상적 비전만을 보여줄 뿐이다. 또 어떤 이들은 그의 시에서 일종의 동어 반복을 볼 것이며, 단지 환멸의 심리적 구조와 미약하고 허술한 희망의 포즈만을 볼 것이다. 또한 '뽀스또 모단'주의자들에게 그의 시는 지나치게 80년대적인 것으로 비춰질 것이다.

어쩌면 최승자 초기시의 격렬한 충격과 기습적인 감동은 퇴색한 것인지도 모른다. 그것은 최승자 시의 팽팽한 긴장감의 역사적 맥락을 구성했던 사회 구조의 변화와 연관될지도 모른다. 하지만 문학의 부정적 사유, 반성적 사유의 깊이와 유연성을 보존하고 싶은 사람들에게 최승자의 시는 아직도 중요한 의미를 간직하고 있다. 삶의 비극성에 대한 망각과 무관심은 우리를 자본주의적인 삶에 대한 수락으로 이끈다고 할 때, 자본주의적 시간과의 싸움을 통해 그 비극의 구조를 드러내는 것은 중요하다. 물론 그 싸움은 자주 허무주의의 색채를 띠게 될 것이며, 자기 파괴의 욕망에 연루될 것이다. 그래서 그의 노래는 경악과 음울과 불안으로 가득차게 될 것이다. 하지만 이 비극이 구조를 묘파하고 그 안에서 견디는 자의 운명을 보여주는 것은, 삶의 질적 차원에 대한 우리들의 잠든 의식을 깨운다. 더욱이 최승자의 시에서 나타나는 특유의 문체는 주체의 개별성과 자기 동일성을 유지하려는 외로운 의지로 읽을 수 있다. 절망과 고독과 악몽을 동반한 시인의 환원 불가능한 자기 세계는 저주받은 개성의 빛을 발한다. 그것은 삶의 파편화와 고립과 사물화에 대한 저항이면서 한편으로는 그것의 문학적 내면화 과정이다. 우리는 이러한 최승자 시의 읽기를 통해 사물화의 과정을 뒤집어볼 수 있으며, 모순된 현실의 자리를 재인식할 수 있다. 현실에 대한 부정적 인식의 고귀한 점은 그것이 사유의 결론이 아니라 과정이며, 해답이 아니라 질문이라는 데 있다. 우리는 최승자 시를 이 불길한 세기말을 '온몸' '온 정신'으로 살아낸, 투철한 영혼의 비망록으로 간직하게 될 것이다. 그러므로 최승자의 이 섬뜩하게 아름다운 시는, 죽음과의 대면을 통해 죽음에 접근하고 죽음을 넘어서려는, 죽음을 살면서 시쓰기를 통해 그 죽음을 견디고 무한을 꿈꾸는, "키 작은" 시인의 해바라기 같은 "커다란 눈망울"을 그려보게 만든다.

죽은 사람의 손톱 발톱 머리칼이
무덤 속에서 조금은 더 자라듯,
아직 완전히 죽지는 않았다.
누워 있는 흐린 구름장들을 바라보면서
키 작은 여자는 낮은 창 곁에서

하루하루를 살해한다.

현세는 너무 비좁은 감옥이라고,
꿈꿀 수 있는 가장 큰 지도를 그리겠다고,
흐린 구름들이 엎어질 듯
코를 박고 있는 낮은 창 곁에서
키 작은 여자는 하루하루를 삭제시킨다.

오직 한 개씩의 커다란 눈망울만을 달고 흔들리는
해바라기들, 해바라기 들판의 무한을 꿈꾸면서.
─「下岸發 5」 전문